ESSAI

SUR LA

RESPONSABILITÉ NOTARIALE

------ ⊢*⊣ ------

DISCOURS

Prononcé à l'Assemblée Générale des Notaires de l'arrondissement de
Clermont-Ferrand, du 10 mai 1882

Par M. le Syndic de la Chambre.

------ ❖ ------

CLERMONT-FERRAND

IMPRIMERIE ET LITHOGRAPHIE G. MONT-LOUIS
Rue Barbançon, 1-2.

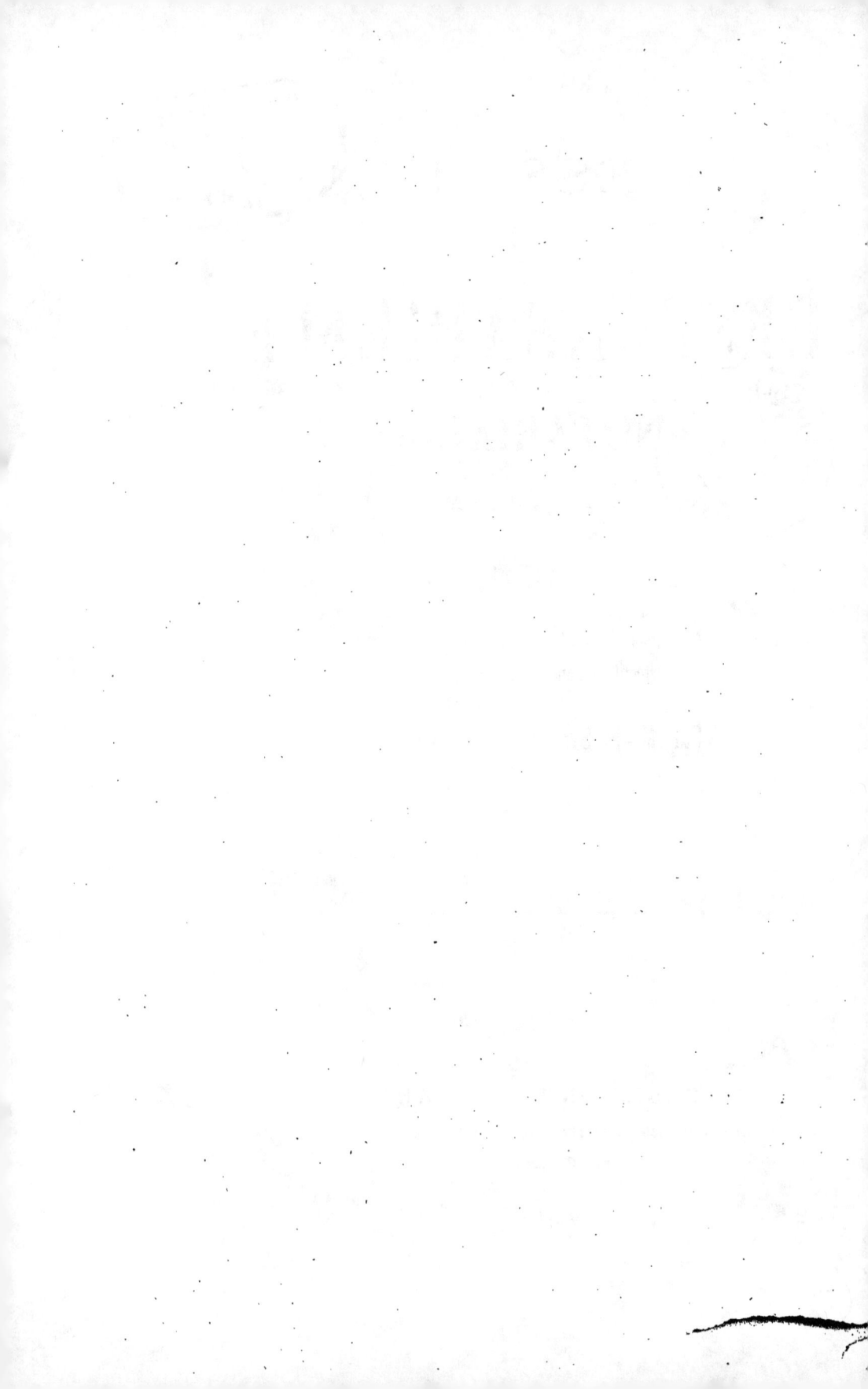

ESSAI

SUR LA

RESPONSABILITÉ NOTARIALE

MESSIEURS ET CHERS CONFRÈRES,

Notre règlement intérieur imposant à votre syndic l'obligation, lourde pour moi, de vous adresser quelques paroles sur les choses de notre profession, j'ai pensé que ce n'était m'écarter ni de la lettre ni de l'esprit de cette prescription que de vous entretenir aujourd'hui de la question grave, délicate, et, il faut le dire, épineuse entre toutes, de notre *responsabilité*. Je n'ai pas, vous le comprenez bien, l'impardonnable témérité de vouloir vous développer ici un exposé doctrinaire, si restreint fût-il, de cette matière. Ni le temps, ni ma compétence surtout ne me le permettent. Nous nous contenterons donc de faire, ensemble, si vous le voulez bien, une simple et rapide excursion sur ce terrain hérissé de si terribles difficultés, et marqué, hélas! de tant de chutes.

I. — Le législateur de ventôse eût failli à sa mission et ne nous eût laissé qu'une œuvre incomplète et difforme, si à côté de ses règles si claires il n'eût établi des sanctions précises. Mais il faut reconnaître qu'il s'est profondément mépris, s'il a cru que, même sur cette doublle base, son œuvre se suffirait à elle-même à travers les temps, et que les tribunaux n'auraient jamais qu'à en faire la juste et stricte application! Là comme ailleurs, l'interprète a dépassé sa mission, il s'est élevé à la hauteur du législateur lui-même pour compléter la loi à sa guise, et souvent, nous le verrons, pour la défigurer.

Notre loi organique après avoir énuméré les différents vices qui entraîneraient la nullité de nos actes, édictait et consacrait de la façon la plus formelle notre responsabilité par son article 68, conçu, comme vous le savez, dans les termes suivants : « Tout acte fait en contravention aux » dispositions des articles 6, 8, 9, etc., etc., est ». nul s'il n'est pas revêtu de la signature de » toutes les parties ; et lorsque l'acte sera revêtu » de la signature de toutes les parties contrac- » tantes, il ne vaudra que comme écrit sous » signature privée, sauf dans les deux cas, s'il » y a lieu, les dommages-intérêts contre le no- . » taire contrevenant. »

Ce « *s'il y a lieu* » en laissant aux tribunaux une certaine latitude d'appréciation, n'avait en vue, en prévision, que la fraude, le dol du notaire, et aussi la faute lourde, *équipollente à dol*, dit Ferrière : *lata culpa dolo adnumeratur*. Cette interprétation restreinte, de droit étroit, résulte clairement de tous les travaux préparatoires de la loi, discours, rapports, etc., fort explicites sur ce point. Notre responsabilité était donc bien définie : c'était une responsabilité toute spéciale, strictement professionnelle, c'est-à-dire exclusivement limitée aux dispositions qui régissent la réception des actes et contrats, aux conditions extrinsèques de validité de ces mêmes actes, et enfin aux cas sus-énoncés de droit commun : fraude, dol, impéritie grave.

Le Code civil parut, règlementant par ses innombrables dispositions toutes les manifestations juridiques de l'activité humaine dans la société moderne. Les quasi-délits et la responsabilité générale qui en découle firent l'objet des articles 1382 et 1383 dont je ne vous rappellerai pas les termes. Mais au dire des premiers interprètes de ce Code, qui en étaient presque les auteurs, ces articles ne s'appliquaient qu'aux dommages purement matériels et nullement à ceux résultant des travaux de l'intelligence et de la pensée. Ils n'ajoutèrent donc rien au sens tout spécial de ces mots : *responsabilité notariale*. En dernier ressort d'ailleurs et pour faire prévaloir la théorie de la loi de ventôse, on invoquait le vieil axiome : *generi per speciem derogatur*. Tel est le sentiment de tous les auteurs de cette époque. Spécialistes, arrêtistes, grands commentateurs ne nous attribuent qu'une responsabilité *professionnelle* de simples *bailleurs d'authenticité*. Des extraits allongeraient outre mesure cet entretien. Qu'il me soit permis néanmoins d'invoquer parmi mes autorités, et de placer au rang qu'elle mérite, celle de notre illustre compatriote, le premier Président Grenier, dans son *Traité des Donations*.

Les tribunaux ne pensaient pas autrement, et pendant quarante ans ils consacrèrent invariablement, on peut le dire, la doctrine de la responsabilité exclusivement professionnelle des notaires. Tous les monuments de la jurisprudence de cette période font foi de mon dire, et je voudrais pouvoir vous reproduire les conclusions remarquablement nettes et tranchées en ce sens, du Procureur Général Dupin (le grand Dupin!) dans un arrêt de doctrine de la Cour de Cassation, du 18 juin 1843.

Cet état de choses, d'ailleurs, ne nous était pas particulier à nous, notaires. La responsabilité des autres officiers ministériels, avoués, huissiers, n'était pas autrement entendue d'après les textes nouveaux, et comme le Code de Procédure avait tracé autour des magistrats une zone de protection presque infranchissable par les règles si sages de la prise à partie (art. 505 et seq.), il semblait équitable et logique, par une sorte d'assimilation et de solidarité, que cette protection tutélaire s'étendît sur des fonctionnaires, magistrats eux aussi, on le répétait dans tous les arrêts, de la juridiction volontaire.

II. — Que les temps sont changés! N'est-ce pas le cas de le dire, Messieurs? et que nous sommes loin de cet âge d'or où, comme tout citoyen honnête et probe, le notaire, s'il unissait à une conscience droite une moyenne raisonnable de lumières et de savoir professionnels, pouvait, sous la protection efficace des lois, à l'ombre de panonceaux quelquefois demi-séculaires, continuer en paix son labeur, pénible sans doute alors comme aujourd'hui, mais du moins entouré de considération, d'estime et surtout de sécurité!

A qui faire remonter la responsabilité de ce changement profond, de cette véritable révolution dans les conditions premières de l'exercice de notre profession? Il serait intéressant de le savoir. Ne le cherchons pas toutefois, Messieurs : peut-être serions-nous mauvais juges dans une cause où nous nous trouvons parties si vivement intéressées.

Quoi qu'il en soit, et pour revenir à notre sujet, la question de la responsabilité notariale a pris une face absolument nouvelle. La jurisprudence abandonna presque sans transition ses errements de quarante années, et n'a pas discontinué depuis d'appliquer aux notaires les principes de la responsabilité civile, parfois peut-être avec une certaine apparence de raison, mais toujours sans le moindre adoucissement. Les cas innombrables qui procèdent des articles 1382 et 1383 sont venus s'ajouter à ceux limitativement énumérés dans la loi de ventôse et les lois analogues, et après ne nous avoir longtemps assujettis qu'aux conséquences du dol, de la fraude, de la faute lourde et des contraventions professionnelles, les tribunaux nous ont sévèrement imposé dans toute son étendue la doctrine arbitraire, par conséquent dangereuse, des fautes en général : faute

légère, faute très-légère, omission, oubli, né-
gligence, etc., etc. Chaque décision nous décré-
tait, pour ainsi dire, d'infaillibilité, mais à nos
dépens.

Ce système nouveau et les arguments à l'aide
desquels on le défendait laissant un peu à désirer
au point de vue de la bonne logique et de la saine
tradition judiciaires, on en étaya d'abord l'édifice
incertain au moyen de la théorie du mandat. Et
comme les conséquences nouvelles avaient encore toutes les apparences d'une hérésie juridique, parce que le mandat doit être prouvé
suivant les règles du droit commun, et que cette
preuve était, trouvait-on, trop difficile à adminis-
trer dans la plupart des cas, on inventa, oui,
Messieurs, on *inventa*, car rien de semblable ne
se trouve dans la loi, ce que les arrêts appellent
le MANDAT LÉGAL des notaires.

Evidemment, je n'ai pas en vue le cas où le
notaire, comme homme privé, pour des raisons
dont il est seul juge, se charge d'un mandat
exprès ou tacite ou d'une gestion d'affaires, dût
ce mandat aboutir à des actes que le mandataire
lui-même dressera en sa qualité distincte d'officier ministériel. Là, nous sommes bien sur le
terrain légal et connu du mandat conventionnel
dont les conséquences sont prévues, incontes-
tables.

Mais le *mandat légal !!* cette prétendue et iné-
luctable obligation pour le notaire d'être le conseil désintéressé de toutes les parties qui réclam-
ment son ministère, de les éclairer dans leurs

affaires, de leur en faire bien prévoir toutes les conséquences possibles, de ne jamais faillir dans l'application et même l'interprétation de la loi, d'être en un mot et à tous les instants de sa laborieuse existence, praticien consommé et jurisconsulte éclairé, conseiller prudent et tuteur des clients, gérant responsable de leur fortune et garant de tous leurs mécomptes, n'est-ce pas là, Messieurs, une présomption aussi inique que monstrueuse, et pour me servir de la vieille image classique, une épouvantable épée de Damoclès?...

Et cependant c'est la doctrine courante des tribunaux et des cours! c'est au nom de cette théorie aussi fantaisiste que périlleuse qu'ont été rendues les graves et nombreuses décisions de ces derniers temps en matière de responsabilité notariale.

Au reste, rien ne démontre mieux l'inanité et les dangers d'un semblable système que les conséquences qui en sont résultées. Laissez-moi pour cela faire passer de nouveau sous vos yeux deux ou trois espèces, pour parler le langage de la barre, que vous avez sans aucun doute déjà remarquées dans nos recueils spéciaux.

Voici la première :

Deux personnes, un vendeur et un acquéreur, se présentent un jour devant Me Roulier, notaire de je ne sais plus quelle localité de l'arrondissement de Toulon, et le prient de recevoir l'acte de vente dont ils sont convenus, et de constater notamment le paiement direct du prix au comptant. Me Roulier, connaissant la situation gravement óbérée du vendeur, prévient l'acquéreur des dangers qu'il y aurait à remettre son prix. Ledit acquéreur insistant, le notaire se refuse à passer l'acte. Deux jours après, les clients se présentent à nouveau, passent outre aux nouvelles et très-explicites observations de Mᵉ Roulier, et le requièrent expressément de dresser leur acte. Le notaire alors instrumente et dans la clause du paiement du prix direct et comptant, il insère non pas même une décharge, mais une simple déclaration énonciative des avis par lui donnés à l'acquéreur. Remarquez bien, Messieurs, que la sincérité de cette déclaration n'a jamais été contestée au cours des débats. Mais l'acquéreur imprudent ayant dû payer deux fois son prix, actionna le notaire en responsabilité. Le tribunal de Toulon et la cour d'Aix condamnèrent *de plano* Mᵉ Roulier, et la Cour de Cassation, par arrêt du 2 avril 1872, rejeta son pourvoi, en déclarant que la mention insérée par le notaire était absolument illicite, parce que les notaires ne pouvant instrumenter pour leurs parents à certains degrés, ne pouvaient, à plus forte raison, instrumenter pour eux-mêmes.

Je vous le demande, Messieurs, n'est-il pas élémentaire que c'est uniquement comme particuliers qu'il nous est interdit d'instrumenter pour nous, de passer vente, obligation, donation, etc., à notre profit? et si cette doctrine, non encore abandonnée cependant de la Cour suprême, est vraiment juridique, nos actes ne sont-ils pas tous entachés de nullité par les mentions ordinaires de *pardevant*, de *lieu*, de *lecture*, d'*assistance des témoins*, etc., etc.? Ces mentions ne sont-elles pas aussi des déclarations, des constatations que nous nous sommes conformés aux prescriptions de la loi, et par conséquent de véritables décharges à notre profit?

Il y a lieu de rapprocher de cette décision l'arrêt de la Cour de Lyon (8 février 1867), déclarant un notaire responsable de la nullité *en droit* d'une clause insérée dans une donation sur la réquisition expresse du donateur, et avec le consentement non moins exprès des donataires, le tout formellement constaté en l'acte.

En présence de la doctrine qui ressort de ces deux arrêts et de quelques autres analogues, on se demande ce que MM. les juges font de l'article 3 de la loi de ventôse qui déclare notre ministère *obligatoire,* et on se demande aussi si elles sont lettre morte les prescriptions de l'article 146 du Code pénal qui qualifient de *faussaire* et punissent comme tel : « tout fonctionnaire ou » officier public qui en rédigeant des actes de son » ministère en aura frauduleusement dénaturé » la substance ou les circonstances en écrivant » des conventions autres que celles qui auraient » été tracées ou dictées par les parties. »

Est-ce assez clair, Messieurs? et puisque les tribunaux nous frappent sans nous indiquer un préservatif de leurs rigueurs, avons-nous une autre alternative que le faux criminel ou la responsabilité indéfinie?

III. — Cette responsabilité des notaires, en tant que conseils, conseils de bonne foi et absolument désintéressés des parties, semble bien à première vue, permettez-moi le mot, une énormité, un monstrueux contre-sens. Et cependant elle vient d'être solennellement consacrée par la Cour de Cassation, par un arrêt du 2 juillet 1878, et dans une espèce que je vous demande encore la permission de vous raconter.

Un jeune homme, pendant la guerre de 1870-71, décède, en captivité à Magdebourg après avoir hérité, croyait-on, de son père, décédé quelques jours auparavant et institué sa mère son héritière générale et universelle. Au moment d'acquitter les droits de mutation occasionnés par ce double décès, la mère vint trouver son notaire. Celui-ci eut naturellement besoin de la date exacte du décès du jeune homme. L'administration française de la guerre, alors en plein désarroi, n'ayant pu lui fournir ce renseignement, le notaire crut devoir s'adresser au commandant allemand lui-même de Magdebourg, et, en effet, il reçut de cette place un certificat, une pièce administrative ayant toutes les allures extérieures de l'authenticité et déclarant que le jeune soldat était bien décédé à Magdebourg, le 31 janvier 1871. Le père était lui-même décédé le 4 du même mois. Dans cette situation, le notaire, soucieux et économe des deniers de sa cliente, lui conseilla, pour éviter des droits relativement considérables, paraît-il, de renoncer à l'usufruit contractuel qu'elle avait sur les biens de son mari, puisqu'elle retrouvait en pleine propriété ces mêmes biens dans la succession de son fils. La cliente, naturellement, approuva fort l'idée économique que lui suggérait son notaire, se confondit sans doute en remerciements et fit la renonciation.

Or, plusieurs années après, l'acte authentique du décès du jeune homme fut fourni par le ministère de la guerre, et constata irréfutablement que ce décès était arrivé non pas le 31 janvier 1871, mais bien le 31 décembre 1870. Le fils n'avait donc pas hérité du père décédé le 4 janvier 1871, la mère était dépossédée, et, par l'effet de la renonciation, se trouvait avoir perdu l'usufruit des biens de son mari. Alors la cliente se retourna contre son notaire, lui fit une faute professionnelle de ce conseil, uniquement inspiré cependant par le souci de ses intérêts, taxa d'imprudence grave la foi qu'il avait prêtée au certificat de la place allemande, et demanda réparation. C'est inouï, Messieurs! mais ces arguments, ces moyens qui ne résistent vraiment pas à la première réflexion et au plus vulgaire bon sens, furent admis par le tribunal de Saint-Amand, par la Cour d'appel de Bourges, et finalement par la Cour de Cassation, comme je vous l'ai dit, par un arrêt du 2 juillet 1878!

Si cette jurisprudence persiste et si la justice et l'égalité devant la loi ne sont pas de vains mots, nous verrons avant peu, j'espère, MM. les avocats endosser la responsabilité des conseils qu'ils ne prodiguent cependant pas gratis aux plaideurs, et MM. les avoués répondre de la marche plus ou moins habile qu'ils donnent à leurs procédures.

IV. — J'abrège, Messieurs, et les limites de cet entretien m'obligent à passer sous silence les deux côtés les plus intéressants, les plus douloureux, dirai-je, de cette question de notre responsabilité : je veux parler des testaments et des prêts hypothécaires. C'est ici que je pourrais multiplier les citations à l'infini. La multitude des arrêts sur l'un et l'autre point, font, en effet, ressembler nos recueils périodiques à de longs martyrologes.

Nous ne faisons plus les testaments qu'en tremblant. Ne savons-nous pas par une dure expérience qu'il ne s'agit plus, comme dans la jurisprudence que je vous exposais au début, de notre faute lourde ou de l'ignorance crasse, mais que nous sommes comptables, et comptables à beaux deniers, de ces légères négligences, de ces défaillances, de ces oublis communs à tous les mortels, même aux plus attentifs, mais dont les notaires doivent être exempts de par la loi des tribunaux ; sans que ces tribunaux tiennent jamais compte des circonstances où nous recevons le plus souvent les actes de dernière volonté, lorsque le spectacle du deuil, de la souffrance et d'une mort prochaine jetteraient dans le trouble et la précipitation les juristes les mieux trempés, les D'Aguesseau, les Du Harlay et les L'Hospital eux-mêmes, ces modèles de majestueuse froideur et d'impassible sérénité.

Quant aux prêts hypothécaires, c'est sur ce terrain, glissant, il est vrai, que les théoriciens de la doctrine inique du *mandat légal* ont triomphé, et bruyamment, sinon définitivement triomphé. Encore une fois, il n'est pas question ici du cas où, par un mandat conventionnel quelconque, le notaire s'est constitué, comme disait la loi romaine, *mandator pecuniæ credendæ*. Il a alors volontairement couru les risques de son fait, bien que les tribunaux aient encore trouvé le moyen de les exagérer ces risques, en n'arrêtant pas la responsabilité à son terme normal de l'accomplissement du mandat, c'est-à-dire au placement en lui-même, mais en la prolongeant jusqu'à la réalisation quelquefois fort reculée du gage, avec tous les cas fortuits et de force majeure qui ont pu en altérer la valeur première.

Le malheur est que la jurisprudence, même dans le silence et le doute, conclut toujours à l'existence de ce mandat conventionnel. Les moindres indices, une élection de domicile par exemple, ou une stipulation de remboursement à l'étude, suffisent amplement à ses présomptions, si bien que les rôles en procédure sont absolument intervertis lorsque le mauvais vouloir d'un client a fait asseoir un notaire sur la sellette de la responsabilité. Ce n'est plus au demandeur en ce cas à prouver son dire, selon la vieille formule : *ei qui dicit incumbit probatio*, non, et c'est au notaire défendeur à faire la preuve qu'il n'a pas été investi du mandat, de la qualité qu'on lui prête, et malheur à lui s'il ne fait pas cette preuve entière, concluante, aveuglante ! !

Malgré moi , et en présence de cette consécration officielle du plus odieux arbitraire , le mot profond de Montesquieu me monte aux lèvres : » Il n'y a pas de plus cruelle tyrannie que celle » qui s'exerce à l'ombre des lois, et sous les » couleurs de la justice. »

V. — Et maintenant, Messieurs, il serait opportun, si je ne craignais de lasser votre trop bienveillante attention, il serait opportun, dis-je, de déduire les conclusions de ces peu rassurantes prémisses , de faire toucher du doigt les résultats de ce déplorable état de choses.

Loin de moi, loin de nous tous, la blâmable intention de prêter à la justice de notre pays d'autres mobiles que ceux qui lui sont inspirés par sa haute mission d'équité et de préservation sociales. Sans doute, en élargissant outre mesure le cercle autrefois sagement restreint de notre responsabilité, en accentuant leur sévérité envers nous, les tribunaux ont eu pour but principal de nous maintenir dans les limites d'une prudence, d'une circonspection et par là même d'une dignité scrupuleuses. Mais quelque respectueux que l'on soit de l'autorité judiciaire, il est permis de dire qu'ici elle n'a pas atteint son but. Un avocat à la Cour de Cassation , M. Félix Bonnet le proclamait l'an dernier dans une étude spéciale sur notre responsabilité en matière de prêts : « Dans la plupart des questions, disait-il, » qui donnent lieu aux procès en responsabilité » intentés contre les notaires, ni l'honneur, ni la

» délicatesse, ni le respect des règles et des tra-
» ditions professionnelles ne sont en jeu......
» Grâce à Dieu, ajoutait-il, le corps du notariat,
» pris dans son ensemble, n'a pas perdu de nos
» jours le renom d'intégrité auquel il a droit,
» mais personne ne soutiendra non plus qu'il ait
» crû en valeur et en dignité depuis que les pro-
» cès en responsabilité se pressent plus nom-
» breux autour de lui. »

Je me permettrai, Messieurs, si vous le voulez
bien, de le signaler le véritable résultat de ces
rigueurs : ce régime du bon plaisir, pour l'ap-
peler par son nom, en nous mettant à la discré-
tion des tribunaux et à la merci des clients, en
nous enlevant la sécurité, cette première et in-
dispensable condition de l'accomplissement du
devoir, a jeté le désarroi dans nos rangs, le dé-
couragement dans nos âmes, l'anxiété dans nos
consciences et une profonde et insurmontable
inquiétude dans notre vie. N'attribuons pas à
d'autres motifs l'éloignement de beaucoup de
jeunes gens dignes et méritants pour une carrière
rendue si périlleuse ; et, s'il faut dire la vérité
tout entière, ne voyons pas d'autre cause à bien
des déboires cachés et à plus d'un désastre im-
mérité.

D'ailleurs, Messieurs, et je finis par là, la doctrine pure s'est nettement séparée de la jurisprudence sur cette question palpitante de notre
responsabilité. Dans ces régions sereines où l'au-
teur, le professeur sont à l'abri des circonstances
de faits et de personnes dont le juge n'est jamais

complètement dégagé, dans ces régions où l'on se préoccupe surtout des grands principes et où on les respecte, on professe pour nous et nos fonctions une tout autre appréciation.

Dès 1855, Paul Pont, l'éminent continuateur de Marcadé, protestait contre la multiplicité regrettable des actions en responsabilité à l'égard des notaires. Tout récemment, un professeur distingué de la Faculté de droit de Toulouse, M. Arnaud, dans une de ses remarquables lectures sur le notariat, faites à l'Académie de Législation, ne craignait pas de taxer publiquement d'*inhumaine* la jurisprudence que j'ai essayé de vous dépeindre ; et enfin, ces jours derniers, dans le plus récent volume de son œuvre magistrale sur le Code civil, le grand jurisconsulte de notre temps, Demolombe, répétait, en déclarant s'y associer, le mot d'un autre homme célèbre de la même célébrité, Troplong : « Je » pense en général, avait dit ce dernier, qu'il n'est » pas bon de pousser à l'excès la responsabi- » lité des notaires, et qu'il ne faut pas environ- » ner de trop de périls leurs fonctions déjà si » délicates et si difficiles. »

Clermont, typ. Mont-Louis.

www.ingramcontent.com/pod-product-compliance
Lightning Source LLC
Chambersburg PA
CBHW060724280326
41933CB00013B/2552